ACTIVITÉS DE NOËL

Illustrations de Sue Pearson

traduit de l'anglais par
Claudine Azoulay

 Héritage
jeunesse

© 1987 Studio Publications (Ipswich) Ltd
Version française : © Les Éditions Héritage Inc. 1989
ISBN : 2-7625-6347-X — Imprimé en Grande-Bretagne

TABLE DES MATIÈRES

Faits Main

Cartes de voeux
Il te faut:
**papier de construction
25 x 17 cm
pomme de terre
petit couteau
vieux magazine
peinture et pinceau**

Coupe la pomme de terre en deux. Avec précaution, taille en relief une étoile, un sapin ou un motif de ton choix.

Applique un peu de peinture sur le motif et tamponne-le à plusieurs reprises sur le papier. Tu peux utiliser deux couleurs différentes et essayer de chevaucher les motifs.

Plie le papier en deux et écris ton message à l'intérieur.

Emballage de cadeaux
Il te faut:
**grande feuille de papier
d'aluminium
colle, ciseaux
papier collant
trois bandes de papier
d'aluminium
25 x 1,5 cm et cinq
autres 30 x 1,5 cm
ruban de couleur**

Avec chaque bande de papier d'aluminium, forme une boucle; colle les extrémités (fig. 1). Colle les bandes de 30 cm les unes sur les autres (fig. 3). Assemble de la même manière les bandes de 25 cm. Colle-les ensuite par-dessus les bandes de 30 cm pour former un chou (fig. 4). Emballe le cadeau dans la feuille de papier d'aluminium. Attache le ruban de couleur. Colle le chou au ruban (fig. 5).

De jolis cadeaux

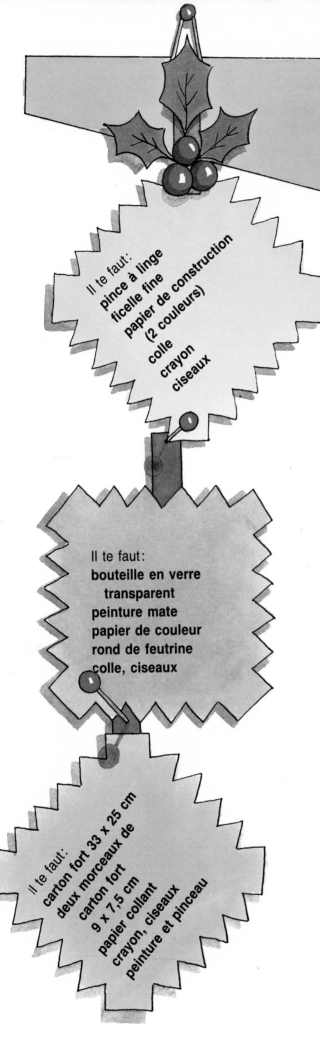

Il te faut:
pince à linge
ficelle fine
papier de construction
(2 couleurs)
colle
crayon
ciseaux

Il te faut:
bouteille en verre transparent
peinture mate
papier de couleur
rond de feutrine
colle, ciseaux

Il te faut:
carton fort 33 x 25 cm
deux morceaux de carton fort
9 x 7,5 cm
papier collant
crayon, ciseaux
peinture et pinceau

Pince à cartes (A)

Pour exposer tes cartes de Noël d'une manière originale, glisse dans la pince plusieurs cartes de taille assez semblable, et déploie-les comme un éventail.

Décore la pince de houx ou de motifs découpés dans du papier de construction. Fais passer un bout de ficelle dans la pince pour la suspendre à ton tableau d'affichage ou à un crochet.

Bouteille décorée (B)

Verse de la peinture dans la bouteille. Après l'avoir bouchée, secoue-la énergiquement jusqu'à ce que la peinture ait recouvert l'intérieur de la bouteille.

Découpe des feuilles et des baies de houx et colle-les sur la bouteille pour la décorer.

Découpe un rond de feutrine et colle-le sous la bouteille pour empêcher celle-ci de glisser.

Porte-lettres (C)

Plie le grand carton dans le sens de la longueur (fig. 1). Peins un dessin de Noël sur la face extérieure du carton (fig. 2). Trace des supports sur les petits cartons. Découpe-les. Fais des entailles sur les deux faces du porte-lettres et emboîtes-y les pattes des supports (fig. 3).

Utilise ton porte-lettres pour ranger ton courrier et tes papiers. Il peut également faire un cadeau pratique.

Tu peux te servir d'une papillote pour emballer n'importe quel petit cadeau.

PAPILLOTES DE NOËL

Assemble bout à bout deux rouleaux de papier hygiénique (fig. 1).

Prends le papier crêpon (les plis doivent être dans le sens de la longueur) et fais glisser les bords les plus étroits entre ton pouce et ton index pour les onduler (fig.2).

Place le papier fin au milieu du papier crêpon en faisant coïncider les bords inférieurs des deux papiers. Écris une blague, une devinette ou un message sur le petit bout de papier. Place-le au centre (fig. 3).

Place ensuite le carton mince ; le bord étroit doit coïncider avec le bord inférieur des autres papiers. Encolle le bord supérieur du papier crêpon (fig. 4).

Place le double rouleau de papier hygiénique de sorte qu'une des extrémités du rouleau coïncide avec le bord droit du carton mince (fig. 5).

Ajoute le troisième rouleau de papier hygiénique (fig. 6). Enroule bien le papier crêpon autour des trois rouleaux comme s'ils n'en formaient qu'un seul. Colle le papier au rebord encollé.

Sors le rouleau de droite sur une longueur d'environ 4 cm (fig. 7).

Fais passer une ficelle entre les deux rouleaux de droite (fig. 8). Noue-la fort pour resserrer le papier. Retire la ficelle et tourne le papier pour former un étranglement (fig. 9). Enlève le rouleau de droite.

Retire le rouleau double. Glisse ton cadeau dans l'ouverture. Insère le rouleau simple en laissant un espace de 4 cm entre le bout du rouleau et l'extrémité du carton qui est à l'intérieur (fig. 10). Répète l'opération que tu as effectuée pour former l'autre étranglement à la papillote.

Découpe en dents de scie des morceaux de papier de couleur ou fantaisie (fig. 12) et colle-les au milieu et sur les extrémités de ta papillote.

N'oublie pas d'inscrire le nom de la personne à qui elle est destinée.

Il te faut:
papier crêpon
18 x 32 cm
papier fin
16 x 30 cm
carton mince
11,5 x 15 cm
petit bout de papier
papier de couleur
3 rouleaux de papier
hygiénique vides
papier collant
ficelle, colle, règle
petit cadeau

Vitres en fête

Embellir ses fenêtres, voilà une manière agréable de parer sa maison pour Noël. Choisis une petite vitre pour chaque découpage.

Il te faut:
papier de construction noir
crayon et règle
ciseaux
papier fin de plusieurs couleurs
colle

En tenant compte de la grandeur de la vitre, découpe un morceau de papier de construction noir. Plie-le en deux de droite à gauche, sans trop appuyer. À partir de la pliure, trace la moitié du motif que tu as choisi, aussi grand que possible mais sans toucher aux trois autres bords du papier. Fais bien attention à laisser des bandes de papier noir entre les parties du dessin. (Tu peux t'inspirer des cinq modèles ci-contre.)

Découpe les formes dessinées mais PAS les bandes noires.

Déplie le papier. Découpe des bouts de papier fin de couleur que tu colleras derrière les découpures. Chaque morceau doit être légèrement plus grand que le motif lui-même.

Fixe le tout sur la vitre de sorte que le côté imparfait de ton bricolage touche le carreau.

1 Trace la moitié du motif

2 Découpe les formes dessinées

3 Colle du papier fin sur les découpures

4 Fixe le tout sur la vitre

Un ange de papier

Pour confectionner la tête (fig. 1, 2 et 3), fais une boulette avec la page de bande dessinée, de la grosseur d'une balle de ping-pong. Fixe bien le tout avec du papier collant. Enduis la boulette de colle, place-la au centre d'un mouchoir en papier rose et enveloppe-la bien dans ce mouchoir. Encolle de nouveau et enveloppe le tout dans le second mouchoir en papier. La boulette doit être aussi lisse et aussi ronde que possible. Laisse-la sécher.

Pour faire la robe et les ailes, ouvre le livre à la première page. Plie avec soin le bord supérieur de la page le long de la marge gauche. Marque bien la pliure (fig. 4). Plie de nouveau la page le long de la marge gauche. Marque bien cette nouvelle pliure (fig. 5). Tourne cette page pliée comme si tu l'avais lue. Très soigneusement, rabats la petite pointe par-dessus le bord inférieur de la page. Marque bien la pliure (fig. 6). Recommence cette opération avec toutes les pages. Quand tu auras terminé la dernière page, colle sa petite pointe (fig. 7).

Tourne le livre à l'envers. Plie la couverture qui est à ta droite de la même manière que les pages. Colle sa petite pointe à l'endos du livre (fig. 8). Plie la couverture de gauche en sens inverse, c'est-à-dire en plaçant le bord supérieur le long de la marge de droite (fig. 9).

Pour terminer l'ange, assure-toi que la tête est bien sèche. Dessine le visage de l'ange avec des stylos à bille. Fais des cheveux et colle-les. Avec la pointe du compas, fais un trou dans le cou. Enfonce un bout de l'allumette ou du cure-dent dans ce trou.

Peins le devant des ailes en jaune. Enfonce l'autre bout de l'allumette ou du cure-dent dans le haut de la robe.

Il te faut:
papier collant
une page de bande dessinée
deux mouchoirs en papier roses
colle
vieux livre de poche d'environ 150 pages
stylos à bille
une allumette ou un cure-dent
compas
ouate pour les cheveux
peinture jaune épaisse
guirlande et paillettes

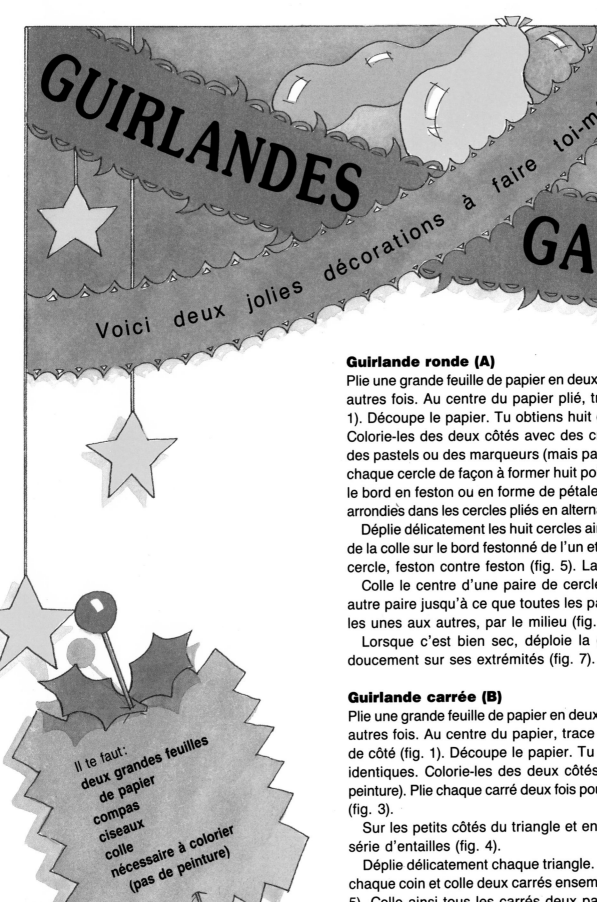

GUIRLANDES GAIES

Voici deux jolies décorations à faire toi-même.

Il te faut:
deux grandes feuilles de papier
compas
ciseaux
colle
nécessaire à colorier (pas de peinture)

Guirlande ronde (A)

Plie une grande feuille de papier en deux, puis refais-le deux autres fois. Au centre du papier plié, trace un cercle (fig. 1). Découpe le papier. Tu obtiens huit cercles identiques. Colorie-les des deux côtés avec des crayons de couleur, des pastels ou des marqueurs (mais pas de peinture). Plie chaque cercle de façon à former huit pointes (fig. 3) et taille le bord en feston ou en forme de pétale. Fais des entailles arrondies dans les cercles pliés en alternant les côtés (fig. 4).

Déplie délicatement les huit cercles ainsi découpés. Étale de la colle sur le bord festonné de l'un et appuies-y un autre cercle, feston contre feston (fig. 5). Laisse sécher.

Colle le centre d'une paire de cercles au centre d'une autre paire jusqu'à ce que toutes les paires soient collées les unes aux autres, par le milieu (fig. 6).

Lorsque c'est bien sec, déploie la guirlande en tirant doucement sur ses extrémités (fig. 7).

Guirlande carrée (B)

Plie une grande feuille de papier en deux, puis refais-le deux autres fois. Au centre du papier, trace un carré de 12 cm de côté (fig. 1). Découpe le papier. Tu obtiens huit carrés identiques. Colorie-les des deux côtés (sans te servir de peinture). Plie chaque carré deux fois pour former un triangle (fig. 3).

Sur les petits côtés du triangle et en alternant, fais une série d'entailles (fig. 4).

Déplie délicatement chaque triangle. Mets de la colle sur chaque coin et colle deux carrés ensemble, coin à coin (fig. 5). Colle ainsi tous les carrés deux par deux.

Colle ensuite les paires de carrés par le milieu (fig. 6). Lorsque c'est bien sec, déploie la guirlande en tirant doucement sur ses extrémités (fig. 7).

A 1 2 3 4 5 6 7

B 12 cm 2 3 4 5 6 7

13

Paysage de Noël

Il te faut:
- boîte en carton avec couvercle
- ouate
- peinture et pinceaux
- terre
- pois secs
- petit miroir ou papier d'aluminium
- savon en poudre blanc
- brindilles et pomme de pin
- papier de construction
- colle, ciseaux
- bâtons de popsicle
- allumettes ayant déjà servi ou cure-dents

Découpe la boîte pour qu'elle mesure 8 cm de hauteur (fig. 1). Colle le couvercle debout contre un des grands côtés de la boîte (fig. 2). À l'intérieur du couvercle, dessine et peins un paysage d'hiver (tu peux aussi en découper un dans un vieux magazine). Verse dans la boîte environ 6 cm de terre (fig. 3).

Confectionne ton bonhomme de neige à l'aide de deux boules de ouate, une petite et une plus grosse. Colle sa tête à son corps. Fabrique-lui des boutons, des yeux, un nez et une bouche avec le papier de construction. Colle-les (fig. 4).

Tu peux lui faire un chapeau en découpant un petit cercle dans un plus grand cercle de carton. Avec une bande étroite de carton, forme un anneau. Fais des entailles le long de chaque bord de l'anneau. Rabats les pattes ainsi obtenues et colle le cercle de carton troué en bas de l'anneau et le petit cercle en haut. Peins le chapeau (fig. 5).

Pour faire les baies de houx, peins quelques pois secs en rouge. Découpe des feuilles dans du papier de construction vert (fig. 6).

Dans le même papier vert, découpe des sapins. Derrière chacun d'eux, colle un bâton de popsicle en guise de tronc (fig. 7). A l'aide de papier d'aluminium ou d'un miroir, fais un étang gelé. Mets un peu de terre autour de l'étang et saupoudre-le de savon en poudre (fig. 8). Colle ensemble plusieurs allumettes ou des cure-dents pour faire une clôture (fig. 9).

Pour rendre ton paysage plus vivant, tu peux lui ajouter des petits sujets, par exemple l'oiseau qui décorait la bûche de Noël l'an dernier.

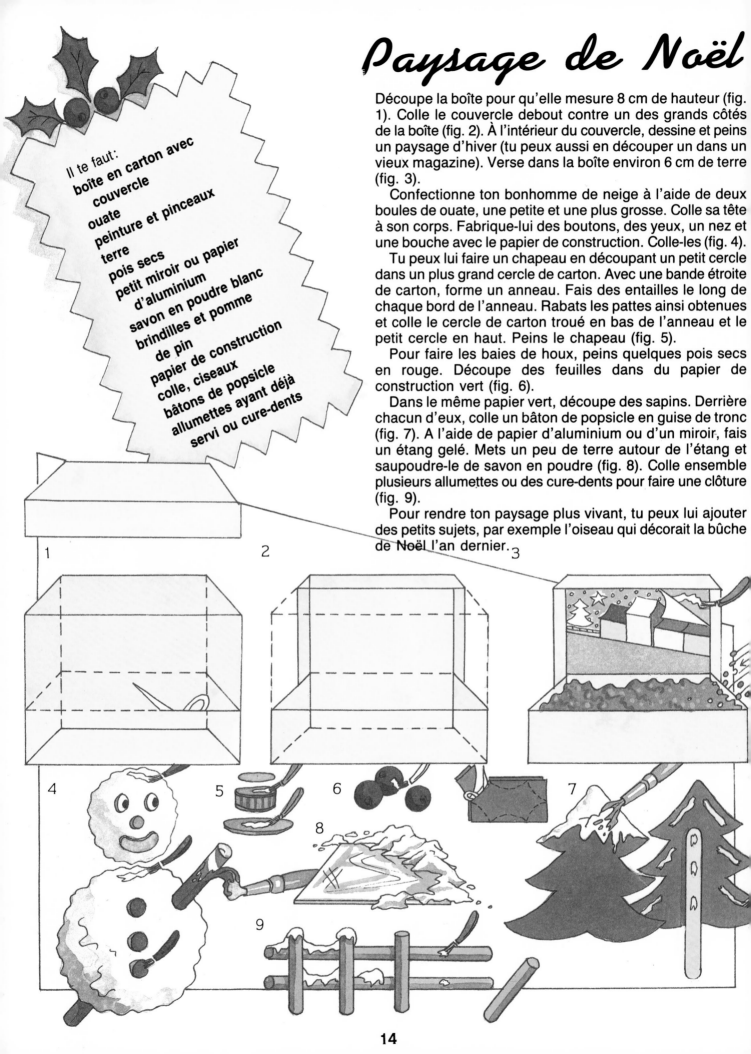

1   2   3

4   5   6   7

8

9

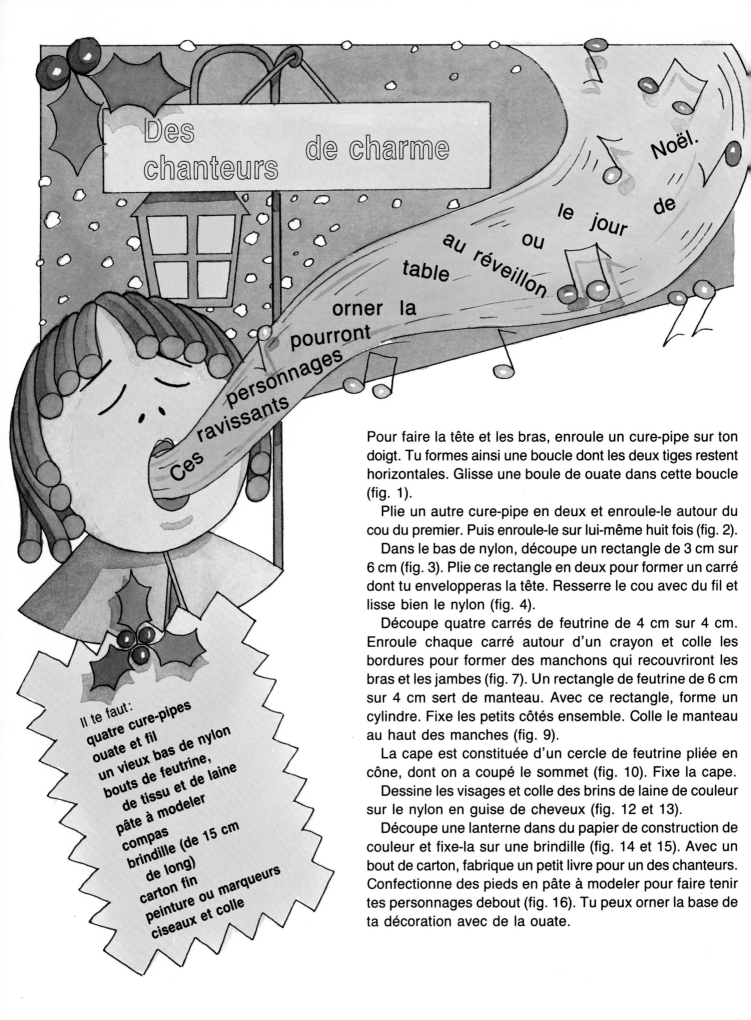

Des chanteurs de charme

Ces ravissants personnages pourront orner la table au réveillon ou le jour de Noël.

Pour faire la tête et les bras, enroule un cure-pipe sur ton doigt. Tu formes ainsi une boucle dont les deux tiges restent horizontales. Glisse une boule de ouate dans cette boucle (fig. 1).

Plie un autre cure-pipe en deux et enroule-le autour du cou du premier. Puis enroule-le sur lui-même huit fois (fig. 2).

Dans le bas de nylon, découpe un rectangle de 3 cm sur 6 cm (fig. 3). Plie ce rectangle en deux pour former un carré dont tu envelopperas la tête. Resserre le cou avec du fil et lisse bien le nylon (fig. 4).

Découpe quatre carrés de feutrine de 4 cm sur 4 cm. Enroule chaque carré autour d'un crayon et colle les bordures pour former des manchons qui recouvriront les bras et les jambes (fig. 7). Un rectangle de feutrine de 6 cm sur 4 cm sert de manteau. Avec ce rectangle, forme un cylindre. Fixe les petits côtés ensemble. Colle le manteau au haut des manches (fig. 9).

La cape est constituée d'un cercle de feutrine pliée en cône, dont on a coupé le sommet (fig. 10). Fixe la cape.

Dessine les visages et colle des brins de laine de couleur sur le nylon en guise de cheveux (fig. 12 et 13).

Découpe une lanterne dans du papier de construction de couleur et fixe-la sur une brindille (fig. 14 et 15). Avec un bout de carton, fabrique un petit livre pour un des chanteurs. Confectionne des pieds en pâte à modeler pour faire tenir tes personnages debout (fig. 16). Tu peux orner la base de ta décoration avec de la ouate.

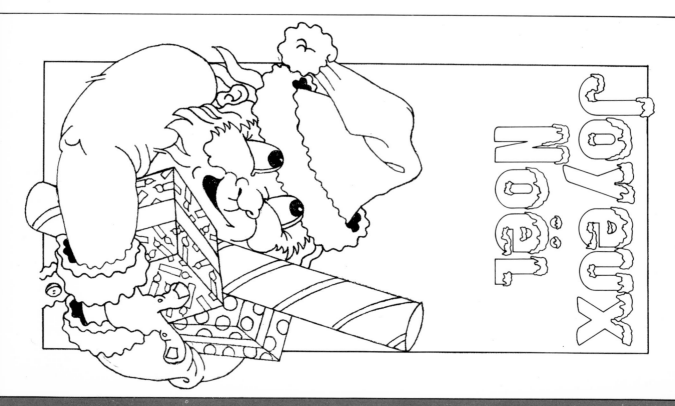

JOYEUX NOËL

Joyeux Noël

PIONS

Détache la toupie et les pions. Insère la moitié d'un cure-dent au centre de la toupie.

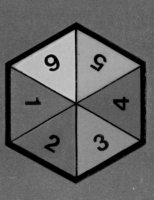

LA TOURNÉE DU PÈRE NOËL (de 2 à 4 joueurs).

Détache la toupie et les paquets-cadeaux qui sont à la fin du livre.

Règle du jeu — Les joueurs tournent la toupie chacun leur tour. Ils avancent leur paquet-cadeau du nombre de cases indiqué par la toupie. Le premier arrivé à la maison du Père Noël a gagné. Bonne chance!

MAISON

DÉPART

1

2

3

4 — Traîneau surchargé. Passe un tour.

5

6

7 — Tes rennes se trompent de chemin. Retourne à la case 5.

8

9

10

11 — Avalanche! La neige te bloque le chemin. Passe un tour.

12 — Pente glissante. Retourne à la case 9.

13

14 — Un pont enjambe le lac gelé. Avance à la case 15.

15

16 — Tu as raté la maison d'un enfant. Retourne à la case 14.

17

18

19

20 — Tu t'arrêtes pour le réveillon. Retourne à la case 18.

21

22 — Tes rennes descendent l'escalier qui mène à la case 26.

23

24 — Enfants insupportables, ne t'arrête pas. Avance à la case 27.

25

26

27

28

29

30

Un bonhomme de neige

Il te faut:
boîte de conserve vide et propre, sans couvercle
rouleau de papier hygiénique vide
papier de construction (12 x 16 cm), si possible noir
ciseaux, règle et crayon
colle, papier collant
ouate
journal
bande de tissu (pour l'écharpe)
peinture noire (si ton papier de construction n'est pas noir)

Place la boîte de conserve et le rouleau sur le papier et trace leur contour. Découpe les cercles obtenus (fig. 1).

Découpe un anneau de 3 cm de hauteur à partir du sommet du rouleau (fig. 2). Colle les cercles de papier à l'anneau de carton (fig. 3). Au besoin, peins le chapeau en noir (fig. 4).

Pour faire le corps, enduis de colle l'extérieur de la boîte de conserve. Recouvre-la d'une épaisse couche de ouate (fig. 5).

Pour la tête, froisse en boule la feuille de journal. Fixe bien le tout avec du papier collant. Découpe un carré de ouate de 14 cm sur 14 cm. Encolle la boulette de journal et recouvre-la du carré de ouate en rassemblant les quatre coins pour former le cou (fig. 6). Encolle le dessus de la boîte de conserve sur lequel tu colleras la boule de ouate en cachant bien la partie imparfaite. Fixe le chapeau sur le bonhomme de neige (fig. 7).

Pour terminer, découpe des yeux, un nez, une bouche et des boutons dans le restant de papier de construction. Au besoin, peins-les en noir. Colle-les et enroule autour du cou de ton bonhomme de neige une bande de tissu coloré.

1

2 3 cm

3

4

PEIN

5 Colle

6 7 Colle

14cm 14cm

COLLE

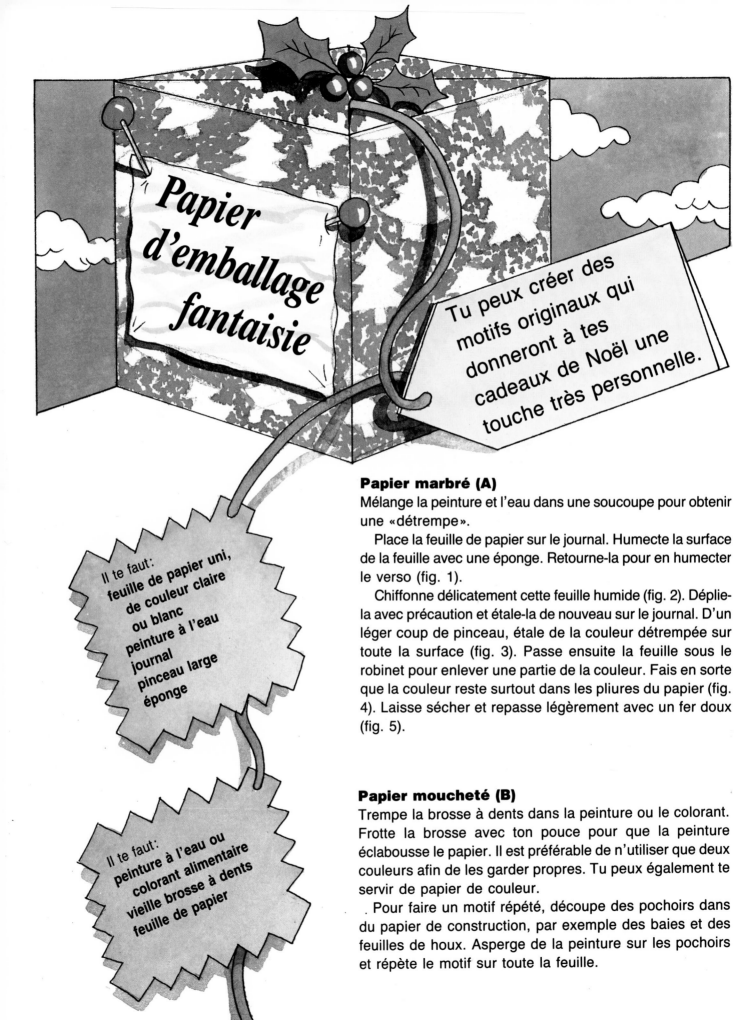

Papier d'emballage fantaisie

Tu peux créer des motifs originaux qui donneront à tes cadeaux de Noël une touche très personnelle.

Il te faut:
feuille de papier uni, de couleur claire ou blanc
peinture à l'eau
journal
pinceau large
éponge

Il te faut:
peinture à l'eau ou colorant alimentaire
vieille brosse à dents
feuille de papier

Papier marbré (A)

Mélange la peinture et l'eau dans une soucoupe pour obtenir une «détrempe».

Place la feuille de papier sur le journal. Humecte la surface de la feuille avec une éponge. Retourne-la pour en humecter le verso (fig. 1).

Chiffonne délicatement cette feuille humide (fig. 2). Déplie-la avec précaution et étale-la de nouveau sur le journal. D'un léger coup de pinceau, étale de la couleur détrempée sur toute la surface (fig. 3). Passe ensuite la feuille sous le robinet pour enlever une partie de la couleur. Fais en sorte que la couleur reste surtout dans les pliures du papier (fig. 4). Laisse sécher et repasse légèrement avec un fer doux (fig. 5).

Papier moucheté (B)

Trempe la brosse à dents dans la peinture ou le colorant. Frotte la brosse avec ton pouce pour que la peinture éclabousse le papier. Il est préférable de n'utiliser que deux couleurs afin de les garder propres. Tu peux également te servir de papier de couleur.

Pour faire un motif répété, découpe des pochoirs dans du papier de construction, par exemple des baies et des feuilles de houx. Asperge de la peinture sur les pochoirs et répète le motif sur toute la feuille.

A 1

2

3

4

5

B 1

2

3

Feston en zigzag

(A) Prends une bande de papier de couleur. Fais-y des entailles régulières sur un côté, puis sur l'autre entre les premières coupures (fig. 1). Fais attention à ne pas couper le papier jusqu'au bout et à bien séparer les entailles. Étire le papier délicatement. Pour former un feston plus long, tu n'as qu'à coller ensemble plusieurs bandes découpées (fig. 3).

Autres festons

(B) Plie une bande de papier en deux dans le sens de la longueur (fig. 1). Découpe-la comme pour faire un feston en zigzag (fig. 2), en commençant par le côté ouvert de la pliure.

(C) Prends une bande de papier plus large. Plie-la deux fois avant de commencer à la découper et suis les mêmes directives que pour les festons A et B.

(D) Découpe un rectangle de papier de soie de 50 cm sur 25 cm. Plie-le en accordéon (fig. 1).

Agrafe les plis bien au milieu (fig. 2). Taille les quatre coins des plis en pointe et fais d'autres découpures sur les bords (fig. 3).

Colle ensemble les extrémités du pli de dessus. Une fois que c'est sec, colle ensemble les extrémités du pli de dessous (fig. 4).

Babioles

(E) Avec ton compas, trace deux cercles identiques. Découpe-les. Encolle une des faces d'un des cercles. Place un bout de fil au milieu de la face encollée. Pose le deuxième cercle par-dessus en faisant bien coïncider les bords. Découpe des paires de triangles, de cloches, d'étoiles, et fixe-les de la même façon sur le fil. N'oublie pas de laisser un espace entre chaque paire de figures.

22

A 1   3
B 1   2   3
C 1   2
D 1   25cm   2
50 cm   3
4
E

23

Cartes de Noël

Il te faut:

papier de construction blanc 20 x 16 cm, nécessaire à colorier, ciseaux, crayon et règle

Roi-surprise

Place le papier devant toi, ses petits côtés à gauche et à droite. Plie-le en deux vers l'avant et marque bien la pliure. Ouvre le papier et plie-le en deux vers l'arrière. Marque bien cette pliure.

La pliure étant à ta gauche, rabats le coin supérieur gauche le long du bord droit. Marque la pliure. Replie-le de la même manière vers l'arrière, marque la pliure.

Le triangle placé vers l'avant, mesure 5 cm à partir du haut sur le bord droit et 7 cm sur le bord plié. Joins ces deux points par une ligne et coupe le long de cette ligne.

Déplie le papier et place la partie supérieure à l'intérieur. Referme le papier

et marque bien la pliure. Lorsque tu ouvres le papier, la partie supérieure devrait se soulever.

Dessine et colorie le visage du roi sur la partie supérieure et le corps sur la partie inférieure de la carte. Découpe des zigzags le long de la partie supérieure pour former une couronne.

Voici d'autres idées:

Bas de Noël

Découpe des formes simples dans du papier de construction de couleur vive et tu obtiendras un effet des plus réussis (fig. B1 et 2).

Carte à fenêtre

Décore le dessus et l'intérieur d'une carte en papier de construction avec de la peinture, des crayons de couleur ou même du papier fantaisie. Découpe une figure, une étoile par exemple, sur le dessus et écris un message à l'intérieur. On pourra le lire par le trou qu'a laissé la forme découpée (fig. C1 et 2).

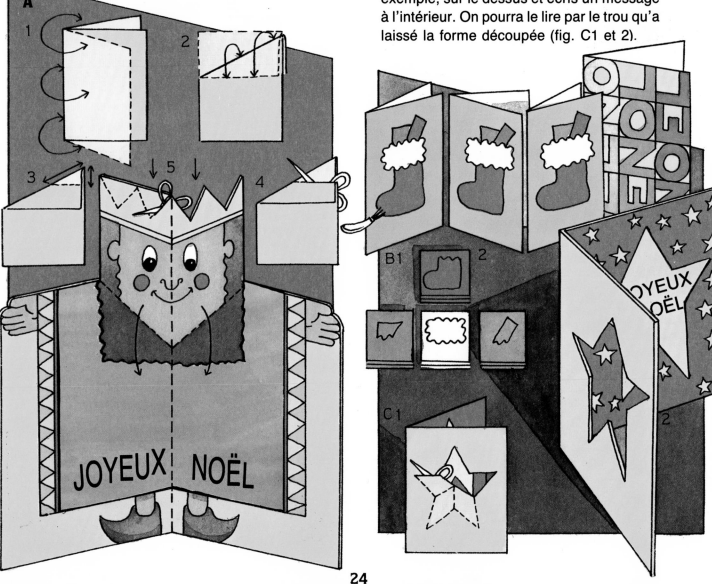

Bonhomme de neige pliant

Il te faut:

carton fort blanc 24 x 20 cm
papier-calque et crayon
papier collant
ciseaux
nécessaire à colorier
compas
carton mince 25 x 12 cm
petites images de Noël
règle
colle

Plie le carton fort en deux. Prévois un paysage comme toile de fond et trois sujets au premier plan. Les sujets ne doivent pas mesurer plus de 9 cm de hauteur. Tu peux les dessiner toi-même ou les découper dans des magazines ou sur des vieilles cartes de Noël. Colle-les sur le carton. Colorie le paysage du fond.

Découpe une bande de carton mince de 12 cm sur 2 cm. Plie un bout de 2 cm pour former une patte. Avec le reste de la bande, forme un carré (fig. 1). Colle la patte pour fermer le carré. Fais un autre carré semblable et aussi un rectangle, et fixe le tout sur la base et sur la toile de fond (fig. 2).

Colle soigneusement les sujets sur le devant des bandes pliées. Une fois que c'est bien sec, ferme la carte. Lorsque tu l'ouvres, les sujets doivent tenir debout. Décore le dessus de la carte avec des souhaits de Noël.

Collage

Cette carte est simple à faire. Il te faut de la colle forte, du carton fort, de la peinture et des papiers de différentes couleurs, des bouts de tissu, des boutons, des perles et des brins de laine. Dessine le motif de ton choix au crayon. Tu peux peindre le fond ou utiliser du papier de couleur (du vieux papier peint par exemple). Décore ta carte au gré de ton imagination avec les diverses fournitures que tu as sous la main.

DES PETITES GÂTERIES

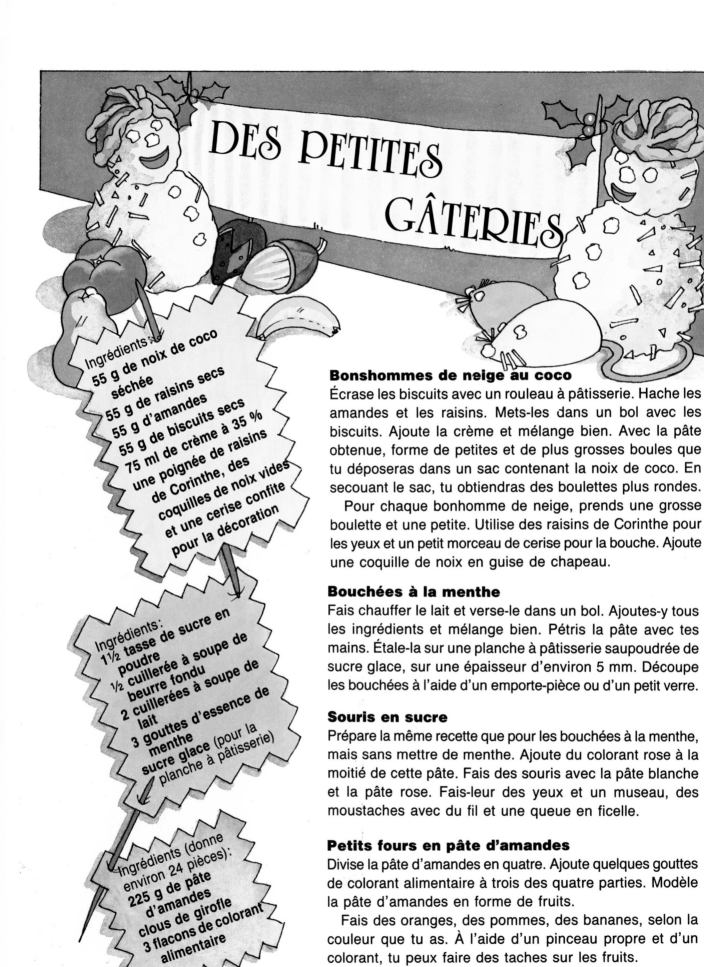

Ingrédients :
55 g de noix de coco
séchée
55 g de raisins secs
55 g d'amandes
55 g de biscuits secs
75 ml de crème à 35 %
une poignée de raisins
de Corinthe, des
coquilles de noix vides
et une cerise confite
pour la décoration

Ingrédients :
1½ tasse de sucre en
poudre
½ cuillerée à soupe de
beurre fondu
2 cuillerées à soupe de
lait
3 gouttes d'essence de
menthe
sucre glace (pour la
planche à pâtisserie)

Ingrédients (donne
environ 24 pièces) :
225 g de pâte
d'amandes
clous de girofle
3 flacons de colorant
alimentaire

Bonshommes de neige au coco

Écrase les biscuits avec un rouleau à pâtisserie. Hache les amandes et les raisins. Mets-les dans un bol avec les biscuits. Ajoute la crème et mélange bien. Avec la pâte obtenue, forme de petites et de plus grosses boules que tu déposeras dans un sac contenant la noix de coco. En secouant le sac, tu obtiendras des boulettes plus rondes.

Pour chaque bonhomme de neige, prends une grosse boulette et une petite. Utilise des raisins de Corinthe pour les yeux et un petit morceau de cerise pour la bouche. Ajoute une coquille de noix en guise de chapeau.

Bouchées à la menthe

Fais chauffer le lait et verse-le dans un bol. Ajoutes-y tous les ingrédients et mélange bien. Pétris la pâte avec tes mains. Étale-la sur une planche à pâtisserie saupoudrée de sucre glace, sur une épaisseur d'environ 5 mm. Découpe les bouchées à l'aide d'un emporte-pièce ou d'un petit verre.

Souris en sucre

Prépare la même recette que pour les bouchées à la menthe, mais sans mettre de menthe. Ajoute du colorant rose à la moitié de cette pâte. Fais des souris avec la pâte blanche et la pâte rose. Fais-leur des yeux et un museau, des moustaches avec du fil et une queue en ficelle.

Petits fours en pâte d'amandes

Divise la pâte d'amandes en quatre. Ajoute quelques gouttes de colorant alimentaire à trois des quatre parties. Modèle la pâte d'amandes en forme de fruits.

Fais des oranges, des pommes, des bananes, selon la couleur que tu as. À l'aide d'un pinceau propre et d'un colorant, tu peux faire des taches sur les fruits.

Plante des clous de girofle en guise de queues et dispose les petits fours sur un plat recouvert de papier de soie de couleur.

La Crèche

Il te faut:
pinces à linge (en bois)
cure-pipes
papier de construction
brindilles
bouts de tissu
papier doré ou argenté
brins de laine, ouate
allumettes ayant déjà
servi ou cure-dents
colle (non toxique)
grosses perles

Il te faut:
une petite boîte
(pour l'étable)
une boîte d'allumette
(pour le lit)
papier ou carton
ondulé
papier crêpon
(vert ou brun)
peinture brune
allumettes ayant déjà
servi ou cure-dents
laine jaune (paille)

Les personnages

Enroule un cure-pipe autour d'une pince à linge pour former les bras. Dessine le visage des personnages puis confectionne-leur des robes avec du tissu imprimé ou uni.

Pour les personnages à genoux ou les animaux, sers-toi uniquement de cure-pipes. Pour remplir le corps, utilise de la ouate. Colle des brins de laine pour les cheveux et les barbes.

Les vêtements des anges et des rois mages peuvent être faits avec des cercles de papier de construction découpés à l'aide d'une soucoupe. Coupe une ligne à partir du bord jusqu'au centre. Forme un cône dont tu coupes le sommet. Une perle posée sur une allumette ou un cure-dent forme la tête et le cou. Prends du papier doré ou argenté pour fabriquer les ailes des anges, et des brindilles pour les houlettes des bergers.

La crèche

Pose la plus grosse boîte sur un de ses côtés et peins-en l'intérieur et l'extérieur pour imiter le bois. Prends une large bande de papier ou de carton ondulé et plie-la plus ou moins aux deux tiers de sa longueur. Fixe-la sur la boîte en guise de toit. Colle du papier crêpon sur le toit. Éparpille des petits morceaux de papier pour imiter de la chaume. S'il t'en reste, étale-les à l'entrée et autour de l'étable.

Assemble quatre allumettes ou des cure-dents pour former la base du lit.

Pour faire l'enfant Jésus, forme son corps avec un petit cure-pipe que tu enveloppes de mouchoir en papier blanc. Tapisse le lit de laine ou de papier crêpon jaune.

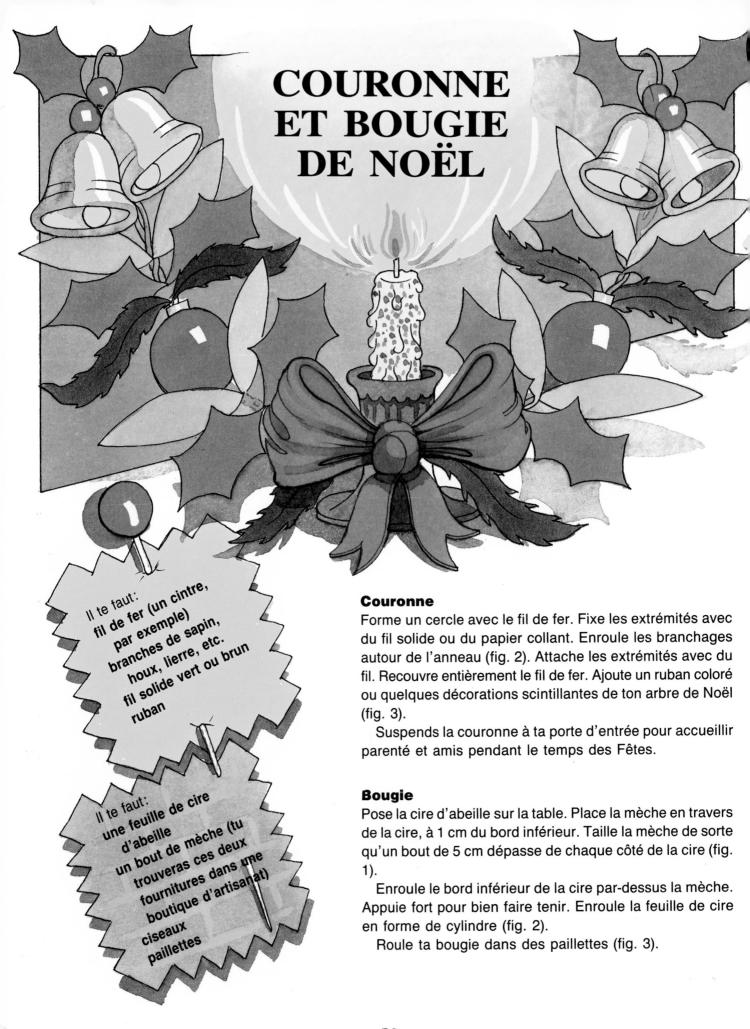

COURONNE ET BOUGIE DE NOËL

Il te faut:

fil de fer (un cintre, par exemple)
branches de sapin, houx, lierre, etc.
fil solide vert ou brun
ruban

Il te faut:

une feuille de cire d'abeille
un bout de mèche (tu trouveras ces deux fournitures dans une boutique d'artisanat)
ciseaux
paillettes

Couronne

Forme un cercle avec le fil de fer. Fixe les extrémités avec du fil solide ou du papier collant. Enroule les branchages autour de l'anneau (fig. 2). Attache les extrémités avec du fil. Recouvre entièrement le fil de fer. Ajoute un ruban coloré ou quelques décorations scintillantes de ton arbre de Noël (fig. 3).

Suspends la couronne à ta porte d'entrée pour accueillir parenté et amis pendant le temps des Fêtes.

Bougie

Pose la cire d'abeille sur la table. Place la mèche en travers de la cire, à 1 cm du bord inférieur. Taille la mèche de sorte qu'un bout de 5 cm dépasse de chaque côté de la cire (fig. 1).

Enroule le bord inférieur de la cire par-dessus la mèche. Appuie fort pour bien faire tenir. Enroule la feuille de cire en forme de cylindre (fig. 2).

Roule ta bougie dans des paillettes (fig. 3).

1

2

3

1

2

3

Cette pochette est à la fois pratique et décorative.

Une pochette colorée

Il te faut:

un rectangle de toile ou un linge à vaisselle

bouts de tissu uni et imprimé (de formes et de tailles diverses)

boutons pour décorer

fils, soies à broder ou laine

bouts de feutrine

aiguilles et ciseaux

baguette d'environ 40 cm de long

Le rectangle de tissu va te servir de fond pour ta pochette de rangement murale. Couds dessus plusieurs poches de tissu de couleur. Tu peux former un visage comme celui du modèle ou en créer un toi-même. Les poches doivent être de taille différente pour que tu puisses y ranger crayons, macarons, etc. Pour terminer, fais un ourlet de 4 cm en haut de la pochette dans lequel tu glisseras la baguette. Attache un morceau de ficelle à chaque bout. Ta pochette de rangement murale n'a plus qu'à être suspendue.